Edgar Morin
Christoph Wulf

Planeta:
a aventura desconhecida

TRADUÇÃO

Pedro Goergen

© 2002 Edgar Morin e Christoph Wulf
Título original em francês:
Planète: l'aventure inconnue.

© 2002 da tradução brasileira:
Fundação Editora da Unesp (FEU)
Praça da Sé, 108
01001-900 – São Paulo – SP
Tel.: (0xx11) 3242-7171
Fax: (0xx11) 3242-7172
www.editoraunesp.com.br
www.livrariaunesp.com.br
feu@editora.unesp.br

Dados Internacionais de Catalogação na Publicação (CIP)
(Câmara Brasileira do Livro, SP, Brasil)

Morin, Edgar

Planeta: a aventura desconhecida/Edgar Morin, Christoph Wulf; tradução Pedro Goergen. – São Paulo: Editora Unesp, 2003.

Título original: Planète: l'aventure inconnue.

Bibliografia.
ISBN 85-7139-475-X

1. Cultura 2. Progresso – Aspectos morais e éticos I. Wulf, Christoph. II. Título.

03-3719 CDD-303.483

Índice para catálogo sistemático:
1. Ciência e tecnologia: Progresso: Sociologia 303.483

Editora afiliada:

Asociación de Editoriales Universitarias
de América Latina y el Caribe

Associação Brasileira de
Editoras Universitárias

Sumário

7 Apresentação
Pedro Goergen

13 Além do progresso
Edgar Morin

21 Planeta: a aventura desconhecida
Edgar Morin e Christoph Wulf

63 Dados biográficos

69 Referências bibliográficas

Apresentação

Sinto-me muito honrado com a oportunidade de apresentar ao público leitor este pequeno grande livro de Edgar Morin e Christoph Wulf. Os autores são reconhecidos na Europa e em muitos outros países pelas suas obras, traduzidas em diversos idiomas. Morin nos é mais familiar pelas traduções já disponíveis em português. Christoph Wulf, catedrático da Universidade Livre de Berlim, concentra seus estudos e publicações na área de Antropologia Histórica, da qual é o principal idealizador e promotor. Seus trabalhos foram e estão sendo traduzidos para o inglês, o italiano, o francês e agora para o espanhol e o português.

O texto do presente livro resultou de um programa radiofônico, levado ao ar na França, razão pela qual conserva um caráter coloquial, de leitura amena, mas de profunda pertinência crítica ante os graves problemas que afligem o homem e a cultura contemporâneos. Menos analíticos que provocadores, os autores falam mais pelas perguntas e silêncios, que tocam os problemas centrais de nosso tempo, do que pelas respostas. É um convite ao leitor para que se engaje na busca de soluções que já não podem esperar e que exigem o envolvimento de todos.

Temas centrais do texto são o reconhecimento do profundo abalo que vem sofrendo a tradicional fé no progresso, na ciência e na tecnologia, sobre as quais a modernidade depositou todas as suas expectativas e, em contrapartida, a busca de novas luzes que vislumbram o caminho da inclusão do outro como pedra angular da construção de um novo futuro.

Cada ser humano e a humanidade como um todo estão colocados diante de um futuro incerto. O projeto moderno, mesmo com todas as conquistas da ciência e da tecnologia, mais divide e explora do que liberta e emancipa o homem. Não se realizou a promessa de emancipação do ser humano (de todos os seres humanos) como uma decorrência quase necessária do uso da razão e dos recursos por ela engendrados. Nem a globalização, a coqueluche político-econômica do momento, consegue confortar o anjo da história que olha para o futuro com preocupação e espanto. A história apresenta-se como uma viagem em que os homens, reunidos sobre o convés da nave Terra, navegam por mares revoltos em noite bruma numa aventura desconhecida, amea-çados, a todo instante, de serem jogados ao mar.

As guerras, a fome, a miséria, o desem-prego, a deterioração do meio ambiente, as incertezas e a desestabilização dos valores são a face aparente de uma humanidade que está envolta em profunda crise, à busca de novos caminhos. Ainda o homem tateia no escuro, faz tímidos ensaios de reencontrar--se consigo mesmo e com a natureza, de reencontrar no outro a origem e o comple-mento essencial de si mesmo, de restabe-lecer a paz com o corpo, com o *alter* e com a natureza. A superação da violência e do medo, a salvação do meio ambiente e a in-clusão da alteridade são temas que ocupam o centro do diálogo de Morin e de Wulf.

O destaque dado ao tema da alteridade como elemento central da construção de uma nova cultura que volte a ter o homem como centro tem especial interesse para nós latino-americanos que lutamos por reconhecimento e inclusão. A leitura que os autores nos apresentam da realidade parece indicar que o futuro deste planeta que nos une a todos depende da reinvenção de novas formas de inclusão e solidariedade.

Pedro Goergen

Além do progresso

Edgar Morin

A ideia do progresso necessário, irresistível, apresentou-se até hoje como a mais racional das ideias porque, de um lado, inscrevia-se numa concepção de evolução que avançava do inferior ao superior, e, de outro, porque os progressos da ciência e da técnica impulsionavam por eles mesmos o progresso da civilização. Assim, o progresso era identificado com a própria marcha da história moderna. Mas esse progresso seguro era um mito que suscitou uma fé. Essa fé constituiu o fundamento comum tanto à ideologia democrático-capitalista prometendo bens e bem-estar terrestres quanto à ideologia comunista prometendo um "futuro radiante". O progresso esteve em crise por duas vezes com a deflagração das duas guerras mundiais no século XX, que fizeram regressar à barbárie as nações mais avançadas. Mesmo assim, a religião do progresso encontrou o antídoto que exaltou sua fé bem lá onde ela deveria ter-se acabado. Para os revolucionários, essas guerras testemunhavam as derradeiras convulsões do capitalismo e anunciavam de forma apocalíptica o triunfo do progresso. Para os evolucionistas, não constituíam senão desvios na marcha para a frente.

O pós-guerra de 1945 assistiu à renovação das grandes esperanças progressistas, tanto na ideia soviética do futuro radiante quanto na promessa de futuro tranquilo e próspero das sociedades industriais. Por toda parte no Terceiro Mundo a ideia de desenvolvimento parecia trazer o progresso libertador.

Tudo, no entanto, inverteu-se a partir dos anos 1970, quando apareceram as faces dantescas da União Soviética, da China, do Vietnã, do Cambodja e mesmo de Cuba – o ex-"paraíso socialista" de bolso. Depois, o sistema totalitário da União Soviética implodiu, desfazendo o "futuro radiante". No Oeste, a crise cultural de 1968 foi seguida, a partir de 1973, pela volta do desemprego, das dificuldades da reconversão, das contradições da supercompetição, ao mesmo tempo que se aprofundava um surdo mal-estar da civilização. Enfim, no Terceiro Mundo, os insucessos do desenvolvimento culminaram em regressões, estagnações, fome, guerras civis/tribais/religiosas.

No mesmo período, o próprio núcleo da fé no progresso (ciência/técnica/indústria) encontra-se mais e mais profundamente abalado. A ciência revela sua radical ambivalência: o modelo da energia nuclear não mais conduz apenas ao progresso, mas também ao aniquilamento humano, e, durante os anos 1980, a perspectiva das manipulações biológicas leva tanto ao melhor quanto ao pior.

Ao mesmo tempo, revela-se de forma cada vez mais clara que os dejetos, as emanações, as sobras de nosso mundo industrial, e a aplicação de métodos industriais à agricultura, à pesca e à criação animal causam prejuízos e poluições cada vez maiores e generalizados que ameaçam a nossa biosfera.

Dessa maneira, por toda parte, o tripé ciência/técnica/indústria perde seu caráter providencial. A ideia de progresso continua sedutora e cheia de promessas apenas nos lugares onde ainda se sonha com o bem-estar e com recursos técnicos libertadores. Mas ela começa a ser questionada no mundo do bem-estar. O progresso trazia em seu seio a emancipação individual, a secularização geral dos valores, a diferenciação do verdadeiro, do belo e do bom. A partir de agora, percebe-se que o individualismo significa não apenas autonomia e emancipação, como também atomização e anonimização. A secularização significa não só a libertação dos dogmas religiosos, mas também a perda dos valores, a angústia e a incerteza. A diferenciação dos valores conduz não somente à autonomia moral, ao prazer estético e à livre busca da verdade, mas igualmente à amoralidade, ao estetismo frívolo e ao niilismo. A virtude, até o momento progressista, da ideia do novo esgota-se, permanecendo boa somente para a eliminação dos detritos.

No Ocidente essa crise do progresso engendrou o pós-modernismo, que consagra a incapacidade de conceber um futuro melhor.

E sobre o planeta todo, a crise do progresso provoca um formidável e multiforme movimento de ressurgimento e de retorno aos fundamentos étnicos, nacionais e religiosos, perdidos ou esquecidos.

Precisamos também tornar mais complexa a noção de progresso. É preciso abandonar a ideia simplista de que o progresso técnico/econômico é a locomotiva à qual estão atrelados os progressos sociais, políticos, mentais e morais. Além disso, já o dissemos, os progressos de nossa civilização comportam seus lados negativos. Eles resolveram antigos problemas, criando outros e gerando novas carências, novos males. Muitos ganhos foram pagos com perdas. Seja como for, os progressos alcançados não haveriam de ser definitivos e teriam necessidade constante de ser regenerados.

Toda a esperança de melhorar as relações entre os homens não pode ser considerada como previsível, mas, de outro modo, há imensas possibilidades de avanço, mesmo porque ainda nos encontramos na idade de ferro planetária e na pré-história do espírito humano. Se o mito do progresso está morto, a possibilidade de um progresso que comporte fragilidade e complexidade permanece. De qualquer forma, já se tornou evidente que o progresso não está automaticamente assegurado por nenhuma lei da história. Por toda parte reina agora o sentimento, difuso ou agudo, do incerto. Por toda parte firma-se a consciência de que não estamos nos momentos finais da história que antecedem sua grande plenificação. Por toda parte desapareceram os balizamentos em direção ao futuro. O mundo não vai nem bem nem mal, vai aos trancos e barrancos, de solavanco em solavanco, sem estar ainda nem totalmente nem para sempre submerso pela barbárie. A nave Terra navega pela noite bruma numa aventura desconhecida.

Planeta:
a aventura desconhecida

Edgar Morin
Christoph Wulf

Edgar Morin: Falamos muito de mundialização, como se esse fosse um fenômeno recente, característico dos últimos anos. Penso ser mesmo necessário ressituar esse processo e datá-lo num passado bastante remoto. A mundialização começa com aquilo que chamo de era planetária, ou seja, no final do século XV, quando realmente se descobre praticamente, por meio das viagens de Cristóvão Colombo, que chega à

América, e também de Vasco da Gama, que faz a volta ao mundo, que a Terra é redonda, que é um planeta; a partir desse momento, todas as partes do mundo passam a entrar em comunicação. E essa comunicação vai acelerar-se e ampliar-se por meio do formidável impulso técnico, industrial e econômico da Europa ocidental que a fará dominar e colonizar o mundo. Isso ocorre ao longo dos séculos XVIII e XIX. No século XX temos, pela primeira vez, duas guerras mundiais.

Mais tarde, após a Segunda Guerra Mundial, aceleram-se e ampliam-se esses processos. Primeiro, nós humanos, terrestres, podemos contemplar-nos e situar-nos no cosmos. Depois, sem cessar, surgem os novos fenômenos da comunicação; por último, o impulso da Internet.

Além disso, essa mundialização apresenta-se sob dois aspectos. De um lado, a comunicação ampliada, e, de outro, os conflitos, como disse, as rupturas, e creio que é necessário submeter esse fenômeno ao debate.

Pela primeira vez os mais diversos segmentos da humanidade encontram-se vivendo um destino comum, ainda pelo pior e não pelo melhor. Digo pelo pior porque todo o mundo está ameaçado pelo perigo da destruição da biosfera, pela proliferação atômica, pelas catástrofes econômicas ou demográficas etc. Pela primeira vez nos confrontamos com um destino comum.

Em segundo lugar, pela primeira vez sabemos que a humanidade vive uma aventura desconhecida. Em outros termos, as antigas civilizações acreditavam que o mundo evoluía em ciclos, semelhantes aos das estações. Depois, houve aquela crença, lançada pelo Ocidente, numa linha ascensional da história, de que íamos ao encontro de um progresso certo, prometido. Hoje, esse processo garantido esvaneceu-se, ninguém sabe o que será o amanhã e, pela primeira vez, somos obrigados a tomar consciência do caráter desconhecido da aventura humana, no plano científico, técnico, moral etc. Portanto, considero que estamos vivendo dois acontecimentos antropológicos; quer dizer, que dizem respeito ao ser humano como ser humano.

Christoph Wulf: Eu vejo esse processo da mesma forma como você, e parece-me efetivamente apropriado datar seu início em torno do século XV. Nesse processo de mundialização, há dois elementos realmente importantes: a escrita, o fato de termos aprendido a escrever, o fato de termos difundido a escrita graças à imprensa. A outra etapa essencial são os novos meios de comunicação, a descoberta da imagem e a nova função exercida pelas imagens. Eu me explico: entendo que, nesse processo de globalização, há interpretações comuns. Como vemos o mundo? Como interpretamos o mundo? Isso se tornou possível somente a partir da difusão do alfabeto e da escrita. Com efeito, esses são elementos que Dilthey já mencionou e que reencontramos na antropologia de Geertz: creio que podemos ler o mundo, que o mundo está escrito, que podemos interpretá-lo. Falar de mundialização, no fundo, é aprender a ler o texto do mundo, tal como ele se forma, aprender a interpretá-lo de maneira comum ou diferente, a fim de chegar a diferentes interpretações da evolução. Essa é uma etapa. A outra etapa, que se inicia e é extremamente relevante para essa consciência planetária, é a descoberta da nova mídia e a produção de imagens. Efetivamente, como poderia emergir uma consciência global se não fosse pela interpretação comum dos fenômenos e de imagens comuns? Você mesmo descreveu num livro esse folclore produzido pela televisão. É um aspecto do problema. Trata-se no fundo, da produção de imagens e, por conseguinte, da formação de uma nova consciência global. Que pensar disso? Pois a ambivalência persiste.

Trata-se de uma evolução positiva, mas também de uma evolução muito perigosa. O nivelamento é uma coisa. A outra é a diferenciação, e o surgimento de novas interpretações, de novas formas de ver o homem e o planeta.

Edgar Morin: A respeito do primeiro ponto, eu seria totalmente pessimista. Por que pessimista? Nossa própria civilização, ao desenvolver formas extremamente especializadas de conhecer as coisas do mundo, divide-as e as compartimenta. Temos, por exemplo, técnicos que são muito competentes em algum domínio particular, mas que são incapazes de situar as coisas no seu contexto. E para que haja um conhecimento pertinente é necessário que sejamos capazes de situar uma informação no seu contexto. É preciso inserir Sarajevo no meio bósnio; este, por sua vez, no contexto da história dos Bálcãs; que, por sua vez, é parte de um fragmento da história mundial. O que falta é a capacidade de contextualizar e de globalizar. O paradoxo é o seguinte: vivemos numa época em que tudo no mundo está inter-relacionado, e não há nenhuma consciência pertinente que seja válida se não tiver pelo menos o mundo como horizonte para todos os grandes problemas. E nossos especialistas nos impedem, cada vez mais, de tomarmos consciência disso. Não há somente os *experts*, os técnicos, os economistas, e todas essas pessoas que segmentam, como em "fatias de presunto", os aspectos do mundo: atualmente há também essa tendência, que faz parte da mundialização, onde as etnias, as nações e as religiões frequentemente se fecham em si mesmas; ou seja, se veem como o centro do mundo, onde a parte se julga mais importante que o todo. De fato, dispomos dos meios para conhecer o mundo, sobretudo do ponto de vista informativo. Mais precisamente, temos condições de saber no mesmo instante o que se passa: o assassinato de um chefe de Estado, como no caso de Rabin, ou, ao contrário, um *crash* na bolsa de valores. A informação funciona, mas é o contexto da informação que não funciona. É um grande risco. E no que concerne à nova mídia, penso que também aí há uma atitude muito difícil, porque há os que menosprezam os meios de comunicação por julgá-los pura e simplesmente instrumentos de estultificação, e os que, ao contrário, pensam que os meios de comunicação são instrumentos de cultura e comunicação. Eu, evidentemente, penso que eles são muito, muito ambíguos, porque podemos encontrar tanto um quanto outro caso. Afora isso, há, efetivamente, um folclore planetário, difundido por meio dos filmes de Hollywood. Pessoalmente, não sou contra; antes, pelo contrário, alegra-me que Chaplin faça parte do folclore planetário, da mesma forma que os *westerns*. O verdadeiro problema é que, nos dias de hoje, o domínio todo-poderoso, unicamente em razão dos interesses econômicos da produção americana, ameaça a produção de séries televisivas alemãs, francesas e, por força da mesma ilusão, a livre expansão das culturas. No fundo, temos sempre o mesmo problema: é preciso salvar a unidade, é preciso salvar a diversidade. A meu ver, os espíritos não estão preparados para isso. Enquanto uns querem ver apenas a unidade sob uma forma de homogeneidade, outros não fazem senão catalogar e compartimentalizar.

Christoph Wulf: Concordo com a sua análise, mas creio que essa divisão entre as culturas é diferente. Foi a cultura ocidental que causou um efeito bem mais forte na universalização do mundo, pela tecnologia, pelas invenções, pelo modelo de sistema econômico e também pelos meios de comunicação. Vejo nisso uma ameaça de perda do estrangeiro. Há um risco de abafamento das outras culturas, de sufocamento das outras culturas, porque essa cultura ocidental universalista se impõe. E isso está muito estreitamente ligado à escrita, ao logocentrismo e à forma de racionalidade que a cultura ocidental desenvolveu. Parece-me que o risco é aquele já descrito por Heidegger: não há nada mais perigoso para o homem que o surgimento de uma situação na qual ele encontra somente a si mesmo. Se nada mais existe fora dele com o que possa confrontar-se, com quem possa fazer a experiência do estrangeiro, do *outro,* como ele é em si mesmo, então surge o perigo de o homem tornar-se um monstro. Essa é uma questão. O segundo aspecto, que vivemos, é que as imagens exercem uma nova função no processo de globaliza-ção. Como há alguns anos falava-se de um "giro linguístico", penso que estamos hoje às voltas com um "giro icônico". As imagens são o essencial hoje em dia. A mídia produz uma enorme quantidade de imagens. O que vem a ser uma imagem? De um lado, trata-se de uma abstração, pois a imagem não é um objeto real. Mas há, de outro lado, um determinado uso dessas imagens que confere certo poder ao homem. Se ficamos atentos aos meios de comunicação, ao modo como se pode juntar as imagens, à forma como é possível relatar os fatos em tempo real, constatamos que tudo isso se torna possível em virtude da velocidade com que circulam as informações. Dessa forma, criam-se informações e uma visão de mundo muito paradoxal, já que permanecemos na superfície das coisas, informados apenas pelas imagens; estamos bem informados, mas sem entrar na realidade. Há dois elementos realmente essenciais nesse processo de mundialização: transformamos o mundo em imagens, e nós o fazemos entrar em nossas casas basicamente pela televisão. Além disso, essa universalização se produz em nome da cultura ocidental. Houve um grande empenho da Unesco em propagar a alfabetização pelo mundo inteiro. Por detrás disso esconde-se uma certa forma de pensar, uma certa imagem do homem. E o risco é que essas outras culturas, que têm outro modelo, sejam relegadas. Lembre-se da fundação da Unesco. Huxley, o primeiro secretário geral da Unesco, queria criar uma cultura mundial. Graças a Deus, estamos longe disso. Hoje, temos muito mais a diversidade dentro dessa cultura, e nós desejamos mesmo preservá-la, com todas as tensões que isso implica.

Edgar Morin: Sim, mas eu iria até mais longe porque aqueles que nós chamamos analfabetos, nós os definimos como privados da escrita. Mas nós não os designamos como detentores de uma cultura oral não raro milenar e que, como toda cultura, encerra tanto tesouros de sabedoria e de arte de viver quanto superstições e erros. E isso, infelizmente, nós descobrimos tarde demais, inclusive nas pequenas civilizações, como as dos índios da Amazônia. Na realidade, ao levarmos o alfabeto, destruímos alguma coisa. Seria necessário que o alfabeto fosse ao mesmo tempo um protetor dessas culturas, mas efetivamente o problema assustador é que já foram praticados verdadeiros culturicídios e extermínios culturais. É preciso lembrar que essa mundialização começa, diria, pelo genocídio da humanidade arcaica, vale dizer, dos nossos ancestrais, todos caçadores-coletores, que viviam em pequenas sociedades de trezentas pessoas que não tinham Estado, que não tinham agricultura, mas que tinham todas as suas necessidades satisfeitas. Então a história, a constituição das grandes sociedades conquistadoras, fez que essas sociedades fossem oprimidas e exterminadas. No século XX, restam apenas pequenos grupos que continuamos a destruir e a massacrar. Faço parte da organização Survival Internacional e constantemente recebo relatos aterradores sobre essa humanidade que está sendo destruída. Então, as pequenas civilizações estão sendo eliminadas e não sabemos como preservá-las... Não podemos confiná-las, como em zoológicos, para protegê-las, mas se as abrimos corremos o risco de desintegrá-las ao integrá-las. Estamos diante de um problema assustador, que exige que pensemos sobre ele. E, a propósito, você acaba de colocar o problema da racionalidade ocidental. Creio que confundimos racionalidade com racionalização. Julgamo-nos proprietários da razão porque acreditamos argumentar de forma lógica mas totalmente abstrata, porque estávamos convencidos de que a única verdade se encontrava na ciência. Ignorávamos, por exemplo, que havia conhecimentos profundos, conquistados pelos povos de todas as regiões, inclusive nos campos da farmacêutica, da medicina e em outros domínios. E sobretudo, penso que subestimamos o elemento mais importante da racionalidade ocidental que não é somente a faculdade crítica, mas a faculdade autocrítica. E isso, evidentemente, é a coisa mais importante, quero dizer em valor, mas não a mais importante em quantidade. Temos um fio condutor que parte de Montaigne e que chega a Lévi-Strauss, por exemplo. Se somos capazes de nos criticar, começamos a ser capazes de compreender o *outro*. E no que diz respeito ao *outro*, penso que é um fenômeno fabuloso porque, no fundo, o *outro* é um outro ele mesmo e ao mesmo tempo estranho. Eu diria que isso se aplica também a cada um em relação a si mesmo, porque ninguém é mais estranho do que cada um para si mesmo. Antes, reconhecíamos o valor da introspecção. E hoje, em nome da psicologia objetiva, eliminamos o autoexame, tão importante porque compreendemos que há um outro nós mesmos e que há um desconhecido em nós. Nesse momento, isso muda nossa relação com o outro, porque o "outro" não é somente o desconhecido, mas ele também pode sofrer como nós, ele pode amar como nós, ele pode chorar como nós.

O conhecimento do vizinho, da pessoa com a qual se vive e o conhecimento do estranho são coisas ligadas entre si. Só que há algo, existente nas antigas civilizações, que era a hospitalidade, ou seja, o caráter sagrado do outro e do estranho. E é isso que nós também destruímos.

Christoph Wulf: Rimbaud usou esta soberba expressão: "Eu é um outro". Creio que essa é de fato uma questão essencial. De um lado, é preciso compreender que o "eu" nunca emerge a não ser do encontro com o *outro*. Poderíamos quase dizer que é a primeira experiência da formação cultural e individual fazer a experiência de um outro, de um exterior. Esse é um processo que se aplica ao indivíduo. Trata-se igualmente de conhecer lados que não conhecemos, quando nos tornamos de alguma forma estranhos a nós mesmos. A *estranheza diante de si mesmo* é uma experiência essencial, pois ela permite abrir-se às outras culturas, e ao *outro*. O que é decisivo aqui é não ter essa atitude de querer compreender o *outro,* utilizando essa compreensão para colonizá--lo. Temos exemplos como a conquista da América Latina. Os espanhóis chegaram ali porque eram bem mais capazes de compreender diretamente os estrangeiros, compreendiam os astecas e, por isso, souberam manipulá-los de forma diferente. Portanto, compreender pode ser uma estratégia de poder. E é por isso que eu gostaria de inverter os termos, e dizer que o que é essencial é partir da não compreensão, de uma situação em que não compreendemos o estranho nem compreendemos a nós mesmos. A partir dessa incerteza, temos uma atitude muito menos violenta com relação ao *outro* e com relação a nós mesmos. Defendo um pensamento heterogêneo e "heterológico". Isso é de fundamental importância para o processo de mundialização. É a única maneira de permitir a sobrevivência de culturas estrangeiras tal como elas são, sem utilizar o estratagema da compreensão como uma estratégia de poder para subjugá-las. Essas culturas são como são, diferentes portanto, e é preciso aceitar essa tensão. De resto, é uma questão de tradução para ver como podemos comunicar-nos com culturas estranhas. Mas no plano estratégico, quero insistir, é necessário partir da incompreensibilidade do estranho. Essa é uma posição extrema que torna supérfluo o uso da violência.

Edgar Morin: Sim, mas eu acrescentaria algo mais, pois me incluo entre aqueles que pensam que a diversidade, isto é, não somente a diversidade dos indivíduos, mas também a diversidade das culturas, é um tesouro da humanidade. Nosso tesouro é a diversidade, e sempre que destruímos a diversidade cometemos algo de bárbaro. Isso posto, é necessário pensar que as culturas, que são extremamente diferenciadas, não têm uma origem totalmente pura. Elas são fruto de encontros, de sínteses. Por exemplo, a coisa que musicalmente me parece mais pura, e para mim *é* a mais pura, é o canto flamenco. Pois bem. Esse canto flamenco – que é de uma autenticidade inusitada – exprime ao mesmo tempo a alma cigana e a alma andaluz. No entanto, os ciganos importaram ritmos que vieram do norte da Índia. Houve influências árabes, houve influências judaicas, ibéricas, e é uma síntese que leva a essa coisa única. Todas as grandes culturas são produtos de sínteses. E uma grande cultura, no fundo, é capaz de integrar os aportes externos, sem se deixar desintegrar. Por essa razão, penso também que a mestiçagem em âmbito mundial produz sínteses novas. E se falo do flamenco, vejo que há um flamenco que faz sínteses ou sincretismo com a música árabe, como há outro que integra o rock. Portanto, penso que é preciso assumir pontos de vista contrários, ou seja, aceitar os encontros e as sínteses que nos chegam, no fundo, por intermédio dessa mundialização e, ao mesmo tempo, salvar aquilo que há de puro, pois, se degradássemos o flamenco, perderíamos uma grande fonte de beleza e profundidade. Mas, dito isso, parece-me que é preciso pensar profundamente tanto na nossa unidade como na nossa diversidade. É por isso que, ao escrever um livro que se chama *Terra-Pátria*, tentei sair de uma oposição tradicional. A oposição é: ou bem se é cosmopolita, quer dizer, não se tem raízes, se é cidadão do mundo que está bem em todo lugar e em lugar algum etc.; ou bem se está enraizado na sua pátria, se está fechado para o resto do mundo. Minha ideia é que ser cidadão do mundo, de fato, é ser cidadão da Terra. Retorno a essa ideia de planeta. Mas por que, então, eu digo pátria? Porque uma pátria é, antes de mais nada, uma comunidade de destino. Há pouco eu dizia que nós temos hoje um destino comum numa aventura desconhecida, e, no fundo, temos os mesmos problemas de vida e de morte a despeito de nossas diversidades. Em segundo lugar, eu diria que o nosso desejo comum é salvar nossas diferentes culturas. Se essas culturas são diferentes, elas têm ao menos um interesse comum, que é sua salvação, e isso só pode ser feito conjuntamente. Eu diria que, ademais, nós temos a mesma origem. Todas as imersões que fazem as ciências pré-históricas nos revelam que ou bem há um berço único da humanidade, o *Homo sapiens,* que vem da África, ou bem a partir do *Homo erectus* que, partindo da África, se disseminou pela Eurásia, ele teve intermestiçagens que produziram o *Homo sapiens.* De qualquer forma, seja pelo cruzamento seja pela origem, há alguma coisa em comum. Portanto, essa ideia de comunidade é em si importante, a ideia da natureza comum, não no sentido antigo, mas no sentido em que temos, efetivamente, essa mesma capacidade de chorar, de rir, de sofrer, que nos possibilita também a comunicação.

Comunidade de destino, comunidade de origem, comunidade de natureza, eis aí o que constitui uma pátria. E a isso eu acrescento outro traço comum: é que nós somos um pequeno planeta perdido no cosmos, nós não conhecemos outros seres viventes, nós nem sequer sabemos se eles existem; e nós sabemos que nossa Terra está sendo ameaçada por um inimigo terrível – nós mesmos, evidentemente –, que está em cada um de nós. A luta pela sobrevivência da humanidade não se trava somente em Ruanda ou na Bósnia, ou em algum outro lugar, ela acontece em cada um de nós. Nós temos um inimigo assustador que somos nós mesmos. E, portanto, a única coisa que temos a fazer é civilizar esta Terra. Nós estamos perdidos, mas isso é uma razão a mais para tentarmos civilizar nossa Terra.

Christoph Wulf: Trata-se dessa unidade da humanidade na qual pode haver ao mesmo tempo diferenças e similitudes, que seriam os dois princípios organizadores da visão de mundo. Mas há uma coisa que me parece ainda muito importante. Há pouco você se referiu brevemente a ela. Trata-se da questão das culturas. O que entendemos por culturas? As culturas são formas particulares de visão de mundo, interpretações particulares do mundo. E quando colocamos o foco sobre a forma como certas culturas veem o mundo e como interpretam a si mesmas, estaremos insistindo mais nas diferenças do que naquilo que lhes é comum. Trata-se, no fundo, de estabelecer uma relação entre esses dois polos. Mas, se lançarmos o olhar sobre a história alemã – você falou há instantes de antropologia –, encontramos uma antropologia filosófica que falou muito do Homem, no sentido do homem ocidental abstrato de sexo masculino. Se tomarmos distância com relação a esse aporte, estaremos colocando o foco sobre a diferença. Nesse momento, será de fato fundamental ver quais são as diferentes interpretações do mundo, feitas pelo homem. Nós não podemos sair de sua cultura. Nós nascemos na sua cultura, de sua cultura, e, dessa forma, assumimos uma determinada visão de mundo que é a única possível. A cultura é uma espécie de posicionamento, de ponto de vista. É uma forma de prejulgar segundo a maneira como nos vemos e como vemos o mundo. E o que me parece realmente essencial é aceitar isso tão bem nas outras culturas quanto na nossa própria; a ação cultural deve ser sempre concebida como uma busca daquilo que está excluído: aquilo que não está mais na consciência comum, aquilo que não é mais tolerado. Há sempre grandes linhas de interpretação que se impõem nas culturas, e a cultura ocidental propôs muitas. É interessante constatar onde essas linhas de interpretação não funcionam mais, como podemos reinterpretá-las, como podemos encontrar novamente elementos que não estão sendo vistos. Isso que você comentou há pouco, a racionalidade, mas também talvez aquilo que há de irracional na racionalidade, o equívoco, é realizado em nome da razão, com as formas restritivas da razão. E isso abre novas perspectivas sobre a questão do planeta como pátria comum, as questões da solidariedade, da manutenção das diferenças, e penso que é preciso ter isso bem consciente. Se realçamos valores como a solidariedade etc., eles não surgem do nada; eles aparecem sempre num certo contexto histórico e cultural e não podemos pura e simplesmente transformá-los, nem produzi-los no abstrato. Portanto, estou convencido de que é realmente necessário trabalhar na perspectiva dessa relação de tensão entre o que há de comum e de diferente, entre a diferença e o universal. Poderíamos quase dizer: em vez do universalismo, o "multiversalismo" deveria ser uma missão da educação e da formação na Europa atual, e isso abriria a perspectiva de uma sociedade planetária.

Edgar Morin: Sou fiel à frase de Leibniz que fala da unidade que salva a multiplicidade, numa época em que há a unidade que destrói a multiplicidade, e é por isso que insisto nas duas. E também me parece que ambos temos razão ao insistirmos no fato de que não há somente a loucura, que é a loucura da incoerência, há a loucura da exagerada coerência, e da coerência que nos legou nossa razão ocidental. E há o fato de que estamos perto do ponto de nos abrirmos para outras culturas porque hoje já não são somente os eruditos que se interessam pelo pensamento chinês ou pelo pensamento indiano. Atualmente, sentimos, cada vez mais, que havia algo, que havia um ponto de partida. Por exemplo, o pensamento chinês, a partir de Yi King e de Tao te King, é um pensamento da combinação. Nós, ao contrário, vemos coisas separadas, essências, mas o pensamento chinês vê combinações variadas e oposições complementares. E penso que chegamos a um ponto limite da aventura do Ocidente. Lançamo-nos no ativismo, lançamo-nos na produção de bens materiais, lançamo-nos na agitação e, bruscamente, descobrimos que perdemos ou esquecemos alguma coisa, talvez algo que jamais tenhamos tido, mas do qual sentimos necessidade. E é por isso que realizamos todas essas buscas um tanto hesitantes: procuramos gurus, recorremos aos iogues, buscamos o zen-budismo. Nós procuramos, infelizmente de uma forma um tanto grosseira e comercializada, aquilo que nos falta. E o que nos falta também é a relação entre o nosso espírito e o nosso corpo. Fiquei muito surpreso na ocasião do ano-novo. Numa entrevista, era formulada a alguns americanos a seguinte pergunta: "Qual é o seu desejo para o próximo ano?". E diziam todos: "Emagrecer, ser menos gordo". Então no início eu pensei: "Que imbecis!", e logo a seguir disse a mim mesmo: "Mas isso esconde algo de muito profundo". Não é apenas a estética: é que eles não estão bem com seus corpos, eles não têm uma relação de harmonia com seus corpos. Há uma defasagem total com nosso corpo. Não basta fazer ginástica para termos uma boa relação com nosso corpo, e essa relação corpo-espírito que, no fundo, foi sempre a preocupação da sabedoria, nós a perdemos. Portanto, penso que se trata de nos abrirmos para aquilo que nos falta. Essa é uma das coisas que me parece extremamente importante e eu diria mesmo que essa é a condição de um renascimento europeu.

Christoph Wulf: Poderíamos tomar isso como uma metáfora: "emagrecer", "perder peso" seria de alguma forma um sinal de humildade perante as outras culturas, perante a natureza, perante a si mesmo, e, por conseguinte, livrar-se de uma certa atitude cujo objetivo era impor-se, ligado à individualização excessiva e ao favorecimento do indivíduo. Portanto, talvez se trate de uma espécie de emagrecimento, de um "emagrecer" em sentido figurado em todos os casos. Já que você aborda essa questão, talvez o corpo, a tomada de consciência do corpo abra uma nova visão em direção à consciência mundial. Não é por acaso que, já há dez ou vinte anos, o corpo tenha se tornado um tema de grande atualidade; pois o corpo faz aparecer as irregularidades, não podemos pura e simplesmente assimilar o corpo a uma certa lógica racional. É um pouco como a imagem, que igualmente oferece esse tipo de resistência. Nós poderíamos imaginar a importante função que essas reflexões poderiam ter, ao menos no âmbito das ciências humanas, porque elas permitem atingir uma nova consciência de si mesmo, e do mundo. Isso começa com as primeiras experiências da corporeidade. Creio que há uma nova dinâmica, ao menos nas sociedades europeias, que é a dinâmica do trabalho. Nós o vemos por toda parte: a sociedade do trabalho chega ao seu fim. Pelo menos se diz isso no contexto europeu e americano. Talvez seja uma dinâmica que está relacionada às evoluções das quais você falava há pouco, no início da conversa. Se tentamos ver as coisas a partir de uma perpectiva histórica, o trabalho é algo muito ambivalente. Entre os gregos, no mito de Prometeu, é o *ponos,* o esforço. No cristianismo, o trabalho é, igualmente, algo que surge a partir do momento em que fomos expulsos do paraíso; e isso continua ao longo da tradição cristã; no momento da Reforma protestante, por exemplo, que coloca a ênfase sobre a atitude ante o trabalho. O que importa não é mais o resultado do trabalho, mas uma certa atitude com relação ao trabalho. E é uma certa atitude a respeito do mundo, a respeito de si mesmo, se o relacionamos com conceitos como o de "trabalho relacional". Tudo é transformado em trabalho. O trabalho torna-se, então, sinônimo de vida. E podemos mesmo perguntar se uma dinâmica não está se fissurando, até mesmo se acabando, que estava na contramão da evolução em direção a uma consciência planetária. E aí, eu desejaria que abandonássemos essa representação de trabalho. Hannah Arendt tentou fazê-lo, distinguindo entre *trabalhar, produzir* e *agir*. Poderíamos dar continuidade ao raciocínio. Portanto, penso que todas essas questões e todas essas dinâmicas universais que forjam a consciência planetária me parecem exigir um reexame. E, com relação a esse assunto, há atualmente outro grande tema na Europa e nos Estados Unidos: não teríamos nós necessidade de uma outra definição de vida a não ser essa que se define pelo trabalho?

Edgar Morin: Correto. Eu situaria isso que acabamos de dizer a partir da divisa de Lenin que, em outro contexto, dizia: "Menos, mas melhor". Então, bem entendido, diria: menos gordura, comer menos, mas comer melhor. Menos imagens de televisão, porém melhores. Arte, por exemplo. Menos informações, mas que elas sejam mais inteligíveis para a pessoa. E eu diria que a própria noção de trabalho se rarefaz porque a palavra trabalho contém em si a noção de energia e de força, e é isso o que agora devem fazer as máquinas comandadas por autômatos. Nós devemos produzir atividades às quais nos entregamos por prazer, atividades lúdicas, atividades amorosas, atividades estéticas. E, bem entendido, também repouso, pois somos seres que têm necessidade de repouso, de meditação e de atividade, cada qual a seu tempo... E nesse momento chegamos a essa ideia fundamental que é a de valorizar – esse é um problema de civilização – a qualidade de vida e não a quantidade de vida. Em todos os lugares, é necessário substituir a palavra quantidade por qualidade, e, então, estaremos prontos para aquilo que, segundo dizia um grande poeta negro, referindo-se ao mundo, é "o encontro de dar e de receber". Na minha opinião, não há verdadeira mundialização a não ser no sentido desse encontro. Caso contrário, temos a homogeneização econômica, técnica e a estultice generalizada.

Christoph Wulf: Poderíamos colocar-nos ainda outra questão. Depois que falamos de mundialização, não há também algo como uma mundialização do individualismo? Não estamos assistindo – em vários países, mas sobretudo na Europa – a uma tendência de crescimento do individualismo? Não estamos descobrindo o limite desse desenvolvimento? Gostaria de explicar isso com relação ao nosso contexto: todos estamos obrigados a desenvolver nossa própria biografia. Somos obrigados a escolher, a decidir sobre a maneira segundo a qual desejamos conduzir nossa vida: com que companheiros, em que contexto. E resulta, de fato, que as tradições têm peso menor – que os indivíduos têm a liberdade de conduzir sua vida, de fazer dela uma aventura, uma experiência eventualmente –, uma espécie de dinâmica que faz, por exemplo, que as doenças psíquicas aumentem. Nós temos uma ambivalência muito clara do processo de individualização. E creio que isso está correlacionado ao fenômeno da mundialização. É, de certa maneira, o recuo sobre a menor unidade, que podemos interpretar como um movimento oposto. Creio também que aí há exigências exorbitantes; em razão do desenvolvimento da sociedade mundial, há riscos, situações perigosas, como você dizia há pouco. O assassinato do primeiro- -ministro israelense representa um risco para todos os homens que vivem em outros países ou em outras regiões, mas todos esses fenômenos estão relacionados à vida individual, e é necessário assumir posição com relação a eles. É necessário constantemente tomar decisões, fazer escolhas. É preciso afirmar-se de uma forma nova na própria vida, o que talvez em outras épocas não tenha sido tão necessário, e é aí que vejo a ambivalência das chances de sucesso ou insucesso desse processo.

Edgar Morin: Sim, parece que, efetivamente, a nossa civilização permitiu o desenvolvimento do individualismo, ou seja, a autonomia pessoal e a eventual assunção de responsabilidade, e isso é uma de suas grandes conquistas; mas há um lado crescente de sombra porque esse individualismo se desenvolveu na degradação de todas as antigas solidariedades, que eram as da grande família, e também da pequena família que é hoje tão frágil, das solidariedades de quarteirão, das solidariedades de trabalho. Existe, portanto, esse contraponto do individualismo que é a atomização. O indivíduo é atomizado, tem muita carência, muita solidão, e por conseguinte muita infelicidade. Assim sendo, o verdadeiro problema é a relação entre a individualidade e a comunidade: a solidariedade. Nós não temos conseguido produzir novas solidariedades. E creio que é em todos os níveis que devemos criá-las. Nas ruas de uma grande cidade, se alguém cai, ninguém para, porque pensamos que é a polícia ou o hospital que devem se encarregar disso. Muito bem. Mas retorno a esta ideia mundial: se nós nos sentimos partícipes do destino comum, nos tornaremos solidários com os outros. E não podemos estabelecer o sentimento de solidariedade por decreto, ele deve ser vivido. E nós chegamos a esta ideia: como viver este duplo imperativo, aparentemente contraditório, e contudo inseparável, de mais comunidade e de mais liberdade? Como sentir-nos responsáveis pelos outros no nosso mundo fragmentado no qual a responsabilidade se perde, já que ninguém vê o todo? Ninguém se sente responsável pelo destino comum. E é a recuperação desse destino comum que é importante para restaurar retroativamente a solidariedade e a responsabilidade. Nós reencontramos o problema da dupla face da mundialização e da retração identitária. De um lado, a perniciosa mundialização que homogeneiza tudo e o perigoso retraimento que se fecha com violência sobre a identidade tradicional. Ou bem, ao contrário, nós teremos uma mundialização que permita reconhecer a pátria, a identidade de cada um, mas que ao mesmo tempo irá permitir a comunicação e a comunidade. Portanto, a meu ver, é necessário caminhar no sentido daquilo que permite à identidade, à comunidade e à mundialidade desenvolverem-se conjuntamente. Bem entendido, isso é uma visão de futuro, não se pode realizá-la agora. Mas ao menos, penso que essa é uma perspectiva histórica que devemos traçar. Não iremos para um mundo perfeito, maravilhoso, nem para o melhor dos mundos, mas, pelo menos, salvemo-nos da autodestruição e sejamos um pouco mais civilizados.

Christoph Wulf: Sim, assim é possível...

Edgar Morin: Sim, é possível!

Christoph Wulf: ... Pois eu creio que ambos temos uma antropologia ou uma visão do homem que parte do princípio de que o *Homo sapiens* não pode existir sem o *Homo demens*, e que esses dois aspectos existem no ser humano. É fácil reconhecer de que lado nos encontramos, mas a questão é precisamente esta: que fazemos nós com este outro lado? E isso vale para a vida individual, isso vale para a coletividade, mas vale também para o conjunto dos povos. No fundo, trata-se da questão da violência. Parece-me que é uma das questões centrais. E a resposta a essa questão fará que possamos ou não organizar esses processos dos quais você falava. O que é a violência? É a violência manifesta? Desde quando agredimos a integridade do outro? Mas há também a violência latente, essa violência no interior das estruturas, nas hierarquias, nas instituições. E há uma violência simbólica, pela linguagem, pelo pensamento, dela também poderíamos falar. Evidentemente, é um fenômeno que não podemos apreender, e, sobretudo, que não podemos isolar, porque aquilo que qualificamos como violência, não podemos jamais definir senão num contexto histórico e cultural determinado. Em outros contextos, isso pode ser bem diferente. E, no fundo, é um fenômeno que pode existir sem motivo, sem razão, não se pode dizer: "Isso é a violência, é daí que ela surge" e, identificando-a, reprimi-la. Essa ideia segundo a qual seria possível reprimir a violência no homem é muito perigosa. Pois ela não permite que se veja essa característica contingente e agoniadora dos fenômenos da violência. Eu me explico: nós vimos isso na Alemanha após a reunificação; muitos jovens, sobretudo na ex-Alemanha Oriental, tiveram comportamentos hostis com relação aos estrangeiros. Todo mundo se pôs a falar da violência da juventude, dizia-se que essa violência era consequência da reunificação da Alemanha, e propôs-se toda uma série de explicações. Uns evocavam razões econômicas, porque os jovens estavam desempregados;

outros invocavam a perda de identidade da Alemanha Oriental que teria feito que esses jovens perdessem as raízes, e que procurassem bodes expiatórios; outros ainda afirmavam que era um fenômeno inerente à própria juventude. Outros, enfim, disseram que era um problema de mentalidade etc. Foram oferecidas muitas explicações. Todas elas pretendiam enquadrar a violência, compreendê-la e, por conseguinte, limitá-la. E creio que é preferível religar as coisas, e compreender que essas formas de explicação não funcionam. Quando se tem a ideia de que se pode identificar e delimitar definitivamente a violência, ela se reproduzirá incessantemente. E é essa outra dimensão do homem que é tão perigosa – esse aspecto do homem ao qual temos que nos contrapor. É necessário estar preparado para poder organizá-lo, controlá-lo. E é ali que temos que ter essa consciência do *Homo demens.*

Edgar Morin: Sim, estou absolutamente persuadido disso e estou convencido também de que é fácil demais enfocar apenas isso que chamamos de violência, ou seja, os atos físicos agressivos. Há também tudo aquilo que decorre da intimidação e do medo. Mesmo assim proponho como norma a não violência. Penso que Ghandi delineou a ideia política que, a meu ver, não valia apenas para a Índia do seu tempo. Eu diria que a filosofia pode ter violência nas palavras, muito embora os filósofos – em princípio – não se batam nem se derrubem no tablado. Quanto a mim, sou favorável à divulgação da não violência, mas sabendo que não é suficiente condenar a violência para ordenar tudo isso. *Homo demens* e *Homo sapiens*: não há fronteiras entre os dois, estes são dois polos entre nós que jamais poderemos eliminar. Mas entendo que podemos desviar a agressividade do *demens* por meio do jogo. Tenho momentos de êxtase durante partidas de futebol, momentos nos quais, efetivamente, marcar um gol é, ao mesmo tempo, o mais erótico e o mais lúdico dos atos, tudo parecendo "irracional". Temos, então, os jogos, temos as competições esportivas. E depois, sobretudo, o lado *demens* é a festa, é a dança, é o amor. Dito de outra maneira, devemos expressar de forma poética o nosso lado *demens*. De todos os modos, penso que hoje em dia a humanidade não está em busca de uma sabedoria, como, digamos, os antigos gregos, antes de nossa era. Não há mais sabedoria. Nosso único caminho é navegar entre a loucura e a sabedoria. Nós estamos numa aventura desconhecida e, repito, o problema é ter um mínimo de consciência, um mínimo de autocrítica, um mínimo de lucidez e, sobretudo, um máximo de abertura para o outro.

Dados biográficos

Edgar Morin

Edgar Morin nasceu no dia 8 de julho de 1921, em Paris. Após ter estudado História, Sociologia, Economia e Filosofia, licenciou-se em História-Geografia e em Direito, em 1942. Engajou-se na Resistência e foi segundo-tenente das Forças francesas que combateram de 1942 a 1944.

Como adido ao Estado-maior do Primeiro Exército Francês na Alemanha (1945), depois chefe da repartição de "Propaganda" junto à direção de informação do governo militar francês na Alemanha (1946), redigiu seu primeiro livro: *L'an zéro de l'Allemagne* [*O ano zero da Alemanha*].

De volta a Paris, exerceu diversas atividades jornalísticas e redigiu *L'homme et la mort* [*O homem e a morte*] antes de ingressar no CNRS em 1950, onde foi inicialmente pesquisador, depois chefe de pesquisa (1961) e diretor de pesquisa (1970).

Diretor da revista *Arguments* (1956-1962), depois da revista *Communications*, foi diretor-associado de estudos transdisciplinares (Sociologia, Antropologia, Política) da École des Hautes Études en Sciences Sociales. Suas atividades de pesquisa o levaram também a dirigir a Agência Europeia para a Cultura (Unesco).

É doutor *honoris causa* pela Universidade de Perúgia (Ciências Políticas), pela Universidade de Genebra (Sociologia), pela Universidade de Bruxelas e pela Universidade de Odense (Dinamarca); *laus honoris causa* pelo Instituto Piaget, Lisboa, e *colegiado de honor* do Conselho de Ensino Superior da Andaluzia.

É comendador da Ordem das Artes e das Letras e oficial da Legião de Honra.

Prêmio do Conselho Europeu de Ensaio Charles-Veillon, 1987. Prêmio Viareggo Internacional. Medalha da Câmara de Deputados da República Italiana (Comitê Científico da Fundação Piu Manzu). *Prêmio Media* (cultura) da Associação de Jornalistas Europeus, 1992. Prêmio Internacional Catalunia, 1994.

Complexus: aquilo que é tecido conjuntamente. A pesquisa de Edgar Morin privilegia a busca de um conhecimento nem mutilado nem compartimentado, que leve em conta o individual e o singular, inserindo-o no seu contexto e no seu conjunto. Desse modo:

- realizou pesquisas em sociologia contemporânea: *L'esprit du temps, La métamorphose de Plozevet, La rumeur d'Orléans;*

- empenhou-se para conceber a complexidade antropossocial, incluindo nela a dimensão biológica e a dimensão imaginária: *L'homme et la mort, Le cinéma ou L'homme imaginaire, Le paradigme perdu*;

- enuncia um diagnóstico e uma ética para os problemas fundamentais de nosso tempo: *Pour sortir du XXe siècle, Penser l'Europe, Terre-Patrie*;

- enfim, dedica-se há vinte anos à pesquisa de um método apto a superar o desafio da complexidade do que se impõe no futuro, não somente para o conhecimento científico, mas para os problemas humanos, sociais, políticos: *O Método*, 1. *La nature de la nature*, 2. *La vie de la vie*, 3. *La connaissance de la connaissance*, 4. *Les idées*. Essa pesquisa desemboca na proposição de uma reforma do pensamento.

Christoph Wulf

Christoph Wulf nasceu em Berlim em 1944. Como estudante, frequentou a Universidade Livre de Berlim, a Philipps Universität de Marburg, a Sorbonne e, nos Estados Unidos, as universidades de Stanfort (Colorado) e Nova York. Doutor em filosofia em 1973, habilitou-se a orientar pesquisas em 1975. No mesmo ano foi nomeado professor da Universidade de Siegen.

Ensina desde 1980 na Universidade Livre de Berlim, onde teve notável participação na fundação do Centro de Antropologia Histórica.

Leciona Antropologia Histórica, disciplina que, situada entre a História e as Ciências Humanas, não se reduz a uma história da antropologia, ou a uma utilização da história pela antropologia.

Suas pesquisas objetivam especialmente dar realce ao método antropológico – considerado numa perspectiva histórica – nos objetos estudados. Pretende, assim, englobar o conjunto das pesquisas em ciências humanas, aí incluída uma "antropologia crítica", histórica e filosófica. Busca, dessa forma, dar resposta a perguntas inéditas.

No centro das pesquisas de Wulf está a exigência de um pensamento permanentemente inovador. A antropologia histórica não se confina a determinadas áreas culturais, nem a épocas específicas. Ela coloca em segundo plano o eurocentrismo das ciências humanas, como também os temas antigos da história, para dar realce aos problemas do presente e do futuro.

Referências bibliográficas

Principais obras de Edgar Morin

O método

- *La nature de la nature* (t.1), Seuil, 1977; nova edição, col. Points Essais, 1981.
- *La vie de la vie*, Seuil, 1980; nova edição, col. Points Essais, 1992.
- *La connaissance de la connaissance* (t.3), Seuil, 1986; nova edição, col. Points Essais, 1992.
- *Les idées. Leur habitat, leur vie, leurs mœurs, leur organisation* (t.4), Seuil, 1991; nova edição, col. Points, 1995.

Complexus

- *Science avec conscience*, Fayard, 1982; nova edição, Seuil, col. Points Sciences, 1990.
- *Science et conscience de la complexité* (textos reunidos e apresentados por C. Attias e J.-L. Le Moigne), Librairie de l'Université, Aix-en--Provence, 1984.
- *Sociologie*, Fayard, 1984, nova edição completa, Seuil, col. Points Essais, 1994.
- *Arguments pour une méthode*, Colloque de Cerisy (em torno de Edgar Morin), Seuil, 1990.
- *Introduction à la pensée complexe*, ESF, 1990.
- *La complexité humaine. Textes choisis*, Champs Flammarion, col. L'Essentiel, 1994.

Antropossociologia

- *L'homme et la mort*, Seuil, 1951; nova edição, col. Points Essais, 1977.
- *Le cinéma ou L'homme imaginaire*, Minuit, 1956; nova edição, 1978.
- *Le paradigme perdu: la nature humaine*, Seuil, 1973; nova edição, col. Points Essais, 1979.

- *L'Unité de l'homme*, em colaboração com Massimo Piatelli-Palmarini, Seuil, 1974; nova edição, col. Points Essais, 3v., 1979.

Século XX

- *L'an zéro de l'Allemagne*, La Cité Universelle, 1946.
- *Les stars*, Seuil, 1957; nova edição, col. Points Essais, 1972.
- *L'esprit du temps* (t.1), Grasset, 1962; nova edição completa, col. Biblio-Essais, 1983.
- *L'esprit du temps* (t.2), Nécrose, em colaboração com Irène Nahoum, Grasset, 1975.
- *Commune en France: la métamorphose de Plozevet*, Fayard, 1967, nova edição, col. Biblio-Essais, 1984.
- *Mai 68: La Brèche*, em colaboração com Cornélius Castoriadis e Claude Lefort, Fayard, 1968; nova edição seguida de *Vingt ans après*, Éditions Complexe, 1988.
- *La rumeur d'Orléans*, Seuil, 1969; edição completada com *La rumeur d'Amiens*, 1973; nova edição, col. Points Essais, 1982.

- *Pour sortir du XXe siècle*, Nathan, 1981; nova edição, Seuil, col. Points Essais, 1984.
- *De la nature de l'URSS*, Fayard, 1983.
- *Penser l'Europe*, Gallimard, 1987; nova edição completa, col. Folio, 1990.
- *Un nouveau commencement*, em colaboração com G. Bocchi e M. Ceruti, Seuil, 1991.
- *Terre-Patrie*, em colaboração com A.-B. Kern, Seuil, 1993; nova edição, col. Points Essais, 1995.

Política

- *Introduction à une politique de l'homme*, Seuil, 1965, e col. Points Politique, 1969.

Etapas

- *Autocritique*, Seuil, 1959; reedição com novo prefácio, col. Points Politique, 1994.
- *Le vif du sujet*, Seuil, 1969, e col. Points Essais, 1982.
- *Journal de Californie*, Seuil, 1970, e col. Points Essais, 1983.

- *Journal d'un livre*, Interéditions, 1981.
- *Vidal et les siens* (em colaboração com Véronique Nahoum-Grappe e Haïm Vidal Sephiha), Seuil, 1989; nova edição, col. Points Essais, 1996.
- *Mes démons*, Stock, col. Au vif, 1994.
- *L'Année Sisyphe*, *Journal de 1994*, Seuil, 1995.
- *Les fratricides*, Arléa, 1996.
- *Rire, aimer, pleurer, comprendre*, Arléa, 1996.
- *Une politique de civilisation*, em colaboração com Sami Naïr, Arléa, 1997.

Últimas publicações de Christoph Wulf

- *Introduction aux sciences de l'éducation*, Paris: Armand Colin, 1995.
- *Mimesis. L'arte i suoi modelli*, Milan, 1995.
- *Mimesis. Art-Culture-Society*, em colaboração com Gebauer, California University Press, Los Angeles/Berkeley/New York, 1995.
- *Paragrana. Internationale Zeitschrift für Historische Anthropologie. Mimesis-Poiesis--Autopoiesis* (v.2), Akademic Verlag, 1995.

- *Education in Europe. An Intercultural Task*, Münster/New York, 1995.

- *Das "zivilisierte Tier". Zur Historischen Anthropologie der Gewalt* [*"O animal civilizado", Antropologia histórica da violência*], em colaboração com Wimmer e Dieckmann, Francfort, 1996.

- *Generation. Versuche über eine Pädagogisch--Anthropologische Grundbedingung* [*Geração. Ensaios sobre uma condição pedagógica antropológica fundamental*], em colaboração com Liebau, Weinheim, 1996.

- *Aisthesis/Ästhetik. Zwischen Wahrnehmung und Bewusstsein* [*Entre percepção e consciência*], em colaboração com Mollenhauer, Weinheim, 1996.

- *Anthropologisches Denken in Erziehung 1750-1850* [*O pensamento antropológico na educação*], Weinhein, 1996.

- Vom *Menschen. Handbuch Historische Anthropologie* [*Do homem, manual de antropologia histórica*], Weinheim Belz, 1997.

- *Violence, Nationalism, Racism and Xenophobia*, em colaboração com Dieckmann e Wimmer, Münster/New York, 1997.

SOBRE O LIVRO

Formato: 11,3 x 15,5 cm
Mancha: 16 x 27 paicas
Tipologia: Usherwood Medium 10,5/14
Papel: Off-set Alta Alvura 90 g/m²
(miolo) Cartão Supremo 250 g/m² (capa)
1ª edição: 2003

EQUIPE DE REALIZAÇÃO

Coordenação Geral
Sidnei Simonelli

Produção Gráfica
Anderson Nobara

Edição de Texto
Nelson Luís Barbosa (Assistente Editorial)
Nelson Luís Barbosa (Preparação de Original)
Ana Paula Castellani e
Fábio Gonçalves (Revisão)
Casa de Ideias (Atualização Ortográfica)

Editoração Eletrônica
Casa de Ideias (Diagramação)

Rettec artes gráficas e editora

Rua Xavier Curado, 388 • Ipiranga - SP • 04210 100
Tel.: (11) 2063 7000 • Fax: (11) 2061 8709
rettec@rettec.com.br • www.rettec.com.br